Tu che eri parte di me

Sofia J. Ross

4

Poesie:

Prefazione

Cara lettrice,

Ti trovi di fronte a un libro che è molto più di una
semplice raccolta di poesie e citazioni. Queste pagine
contengono la forza, la vulnerabilità e la speranza di una
giovane ragazza che ha conosciuto il dolore più profondo
e ha scelto di trasformarlo in un canto di rinascita.
Questo libro, intitolato "Tu che eri parte di me", è un
dono che l'autrice ha voluto condividere con te, nella
speranza che possa lenire le tue ferite e riaccendere la tua
fede nell'amore.

L'autrice ha affrontato il buio della delusione e della
perdita con coraggio e determinazione. Ha attraversato
l'abisso dell'amore tradito e ha trovato la sua strada
verso la luce. Ha deciso di raccogliere il suo dolore, le
sue speranze e le sue lacrime in parole che arrivano dritte
al cuore. E così, pagina dopo pagina, ha tessuto una
trama di poesia che si nutre della sua esperienza vissuta,
pescando dalla profondità della sua anima.

Queste poesie sono come fili sottili che si intrecciano
con la tua storia, le tue emozioni e le tue lotte interiori.
Mentre leggi, potrai sentire il calore dell'autrice che
ti prende per mano e ti accompagna nel suo viaggio
di guarigione. Potrai immergerti nella sua sincerità
disarmante e scoprire che non sei sola, che il dolore che
hai vissuto è condiviso da molte altre anime.

Ma questo libro non si ferma al dolore. È un inno alla
speranza, alla rinascita e alla possibilità di tornare a

credere nell'amore. L'autrice, con la sua voce empatica e autentica, ti spinge a guardare oltre le cicatrici, a trovare la bellezza nella vulnerabilità e a rinascere come una farfalla dalle ali di nuovo forti e luminose.

Prendi questo libro tra le mani come un dono prezioso, come un compagno di viaggio che ti sostiene lungo la strada verso la guarigione. Lascia che le parole dell'autrice risuonino nel profondo del tuo essere e ti guidino verso una nuova luce positiva. Che il suo coraggio e la sua compassione ti ispirino a rialzarti, a credere ancora nell'amore e a scoprire la meraviglia di un cuore che si apre alla possibilità di amare ancora.

Con affetto e speranza,

Sofia J. Ross

Ciò che poteva essere ma non è stato.

Avrei voluto amarti,
dar forma a queste emozioni nascoste,
liberarle come farfalle nel vento,
ma la vita ci ha portato su strade diverse
e tutto ciò che resta
è un sogno dolceamaro
di ciò che avrebbe potuto essere
e non è mai stato.

Sappi che il dolore se ne andrà
solo quando avrà finito
di darti la sua lezione.

Se...

Se solo io fossi stata più presente,
forse avrei potuto nutrire il nostro amore
con ogni piccolo gesto,
avrei potuto sentire il calore delle tue parole,
avrei potuto sussurrare promesse al tuo orecchio,
che avrebbero reso più forte il nostro legame.

Ma ora,
mi rimane solo il rimpianto
di quel tempo perduto
e la speranza di un futuro
dove la mia presenza
possa ancora contare per te.

*L'abbandono è come un'ombra silenziosa
che inghiotte le promesse e spegne le speranze,
lasciando il cuore in una cotre invernale.*

Vorrei...

Vorrei essere il cerotto che chiude ogni tua ferita,
il balsamo che lenisce ogni tuo dolore,
la luce che rischiara i tuoi momenti più bui,
perché amarti significa
desiderare di vedere la felicità
riflessa nei tuoi occhi,
ogni giorno,
ogni istante.

*Il tempo non sistema le cose,
te le fa capire.
A sistemarle devi pensarci tu.*

Le ali della libertà.

Lasciarti andare è stato come liberare
un uccello che avevo accudito
con amore e dedizione;
vederlo volare via
mi ha spezzato il cuore,
ma sapevo che la sua libertà
era più importante
della mia solitudine.

*Sono stata un pomeriggio intero
sul divano a fissare il soffitto
e credo di non aver fatto altro
che pensare a te.*

Sarò con te.

Ti manderò un bacio con il vento,
affidandolo alle sue dolci carezze.
Nel sussurro dell'aria,
porterà il mio amore verso di te.
Anche se non mi vedrai,
saprai che sarò lì,
sempre accanto a te.

*Sono stanca
di muovermi sempre
verso qualcuno
che resta immobile.*

La cura.

Non accontentarti di briciole di affetto,
Cerca la felicità che meriti, il vero rispetto.
L'infelicità è quando ti privi di ciò che meriti,
Prenditi cura di te stesso, sii fedele alla tua dignità.

*È strano come il valore della presenza
di una persona diventi evidente
solo quando ci si trova
di fronte alla sua assenza.*

Non accontentarti.

Non accontentarti di un amore annacquato,
che non accende la fiamma nel cuore innamorato.
Aspetta con pazienza, fiducia e speranza,
un amore che ti colmi di gioia e di bonanza.

La felicità risplende nell'attesa sincera,
per un amore che ti dia la luce che spera.
Non temere la solitudine, non accettarla,
aspetta l'amore vero, che splenda come una stella.

*L'infelicità si nasconde nell'accettare
chiunque solo per evitare la solitudine,
ma trovare la vera felicità richiede
il coraggio di aspettare un amore autentico,
anziché accontentarsi del compromesso.*

Non buttarti via.

Dedica i tuoi passi a chi si muove verso di te.
Un viaggio condiviso non richiede parole.

Il ritmo della reciprocità
è la melodia che guida il cammino,
un silenzioso contrappunto a ogni passo.

Solo a questi dedica il tuo cammino,
fino all'ultimo respiro.

*Arriverà un tempo in cui
coloro che ti hanno trattato male
si pentiranno.
Ma per loro sarà troppo tardi.*

Ormai è tardi.

A volte, siamo così impegnati
a percorrere la strada degli altri
che ci dimentichiamo del nostro cammino.

E poi arriva un momento,
un momento sospeso tra il crepuscolo e l'alba,
un momento di silenzio acuto,
quando ci rendiamo conto che siamo persi.

E a volte, è troppo tardi.
Troppo tardi per tornare indietro,
troppo tardi per correggere gli errori.

Ma in quell'amara consapevolezza,
c'è anche una possibilità.

La possibilità di trovare se stessi,
di imparare dai propri errori,
di rinascere dalle proprie ceneri.

Perché è solo quando ci perdiamo
che possiamo veramente ritrovarci.

Mettiti al primo posto ogni tanto.
Non è egoismo, è necessario!

Vorrei...

Vorrei fare con te ciò che il sole fa con il mare,
risvegliare l'onda, abbracciare l'orizzonte,
liberare il canto del vento.
Danzare con te nel tempo della luce,
così come il sole danza sul mare al crepuscolo.

Vorrei essere il sole che risplende sul tuo volto,
il calore che scioglie i tuoi inverni,
e la luce che rivela la tua profondità.

Vorrei fare con te ciò che il sole fa con il mare,
rinnovare, risplendere, risvegliare.

Le attrazioni fisiche sono comuni,
le connessioni mentali sono rare.

Cos'è l'amore.

L'amore è un invito,
esteso con tenerezza,
non solo alla forma,
ma all'essenza.

Non un richiamo
per un abbraccio di lenzuola,
ma un'offerta
per condividere la vita.

Vali troppo
per essere
l'ogni tanto
di qualcuno.

Abbandono.

L'abbandono si muove come un'ombra silenziosa,
inghiottendo promesse, spegnendo speranze.
Lascia il cuore in una fredda solitudine,
un paesaggio invernale senza alcun riparo.

Ma l'ombra passa, il cuore persevera,
e, nel tempo, anche la solitudine può fiorire,
rivelando, nel suo grembo silenzioso,
un nuovo inizio dopo la fine.

Se nessuno pensa a te,
pensaci tu!

L'ombra del tuo ricordo.

Il tuo amore era come l'aurora,
mi ha illuminato dall'oscurità,
ma come il sole più luminoso,
è scomparso troppo presto,
lasciandomi nell'ombra del tuo ricordo.

Chi non ha voluto quando poteva,
non potrà quando vorrà.
Cordiali saluti:
l'opportunità e il tempo.

Gli ostacoli del cuore.

Gli ostacoli del cuore
sono come muri invisibili,
possono sembrare insormontabili,
ma ognuno di essi nasconde una lezione preziosa.

Ci insegnano a lottare,
a perseverare,
a rispettare e ad amare ancora di più,
fino a quando, finalmente,
troveremo la chiave per superarli.

Contano le azioni,
non le parole.

Da quando sei andato via.

I giorni si sono fatti più lunghi
da quando te ne sei andato.
Ogni alba porta con sé l'eco del tuo risveglio,
ogni tramonto l'ombra del tuo addio.

C'è un silenzio in cui ti cerco,
una quiete dove ti aspetto.
Il tempo si è fermato da quando te ne sei andato,
eppure continua a scorrere,
trascinando con sé i ricordi
e lasciando dietro di sé desideri inespressi.

Da quando te ne sei andato,
sei ovunque e in nessun luogo.

Un addio infinito,
una promessa di ricordi,
un sussurro d'amore nell'aria che respiro.

Ci sono 8 miliardi di persone nel mondo.
8 miliardi di anime.
E qualche volta... te ne serve una sola.

Una tra le tante...

Credevo di essere l'unica,
la sola stella nel tuo cielo notturno.
Ma gli occhi tuoi divagavano,
cercando altre luci,
esplorando altri orizzonti.

E in quel vagare, ho capito:
ero solo una tra le tante,
un riflesso fugace
nel tuo universo infinito.

Niente è più potente di un cuore che torna a sorridere.

L'essenziale.

Vaghi per terre lontane,
segui il canto delle sirene,
in cerca di una fuga,
di un rifugio,
di un dimenticare.

Ma non importa quello che fai,
non importa dove vai,
non puoi scappare via da te stesso,
non puoi nasconderti nel silenzio.

Non sei una foglia alla deriva,
non sei un'eco perduta,
sei il vento,
sei la voce,
sei l'essenza indomita.

Non cercare di scappare,
non cercare di nasconderti.

Accetta te stesso,
abbraccia la tua luce,
sii te stesso in ogni momento.

Non aver paura di perdere le persone.
Abbi puara di perdere te stesso
cercando di accontentare tutti.

Cercami.

Se tardassi a trovarmi, persevera.
Se non mi trovi in nessun luogo,
cerca altrove, perché là mi troverai,
ad aspettarti, a braccia aperte.

E se non riesci a trovarmi, in ogni angolo,
guarda dentro di te, perché lì risiedo.

Nel battito del tuo cuore, nell'eco dei tuoi pensieri,
sono presente, indissolubilmente legata a te.

Siamo tutti alla ricerca di qualcosa,
e finisce che quando la troviamo,
desideriamo qualcos'altro.

La fiamma.

Segui la fiamma che arde dentro,
anche quando tutto sembra impossibile.
L'amore è il faro che guida la via,
anche quando il mondo sembra ribaltato.

*Spero che tu possa vedere sempre le persone
esattamente per quello che sono,
e non per quello che immagini che siano.*

La vera ricchezza.

L'amore non cerca ricchezze né beni materiali,
si nutre solo di se stesso, senza interessi banali.
Non si appropria né si lascia possedere,
poiché l'amore è completo, non ha bisogno di niente.

Quindi lascia che l'amore sia la tua guida,
libera il tuo cuore, abbraccia la sua luce candida.
Perché l'amore, nell'essere ciò che è,
è la più grande ricchezza che potrai mai possedere.

Non è lui che continua a farti del male,
ma sei tu che ancora gli concedi
la possibilità di poter cambiare il tuo umore.

Senza parole.

Fra i rumori della folla,
nell'intimità del nostro essere,
ci troviamo noi due,
felici di esser insieme,
parlando con sguardi,
senza bisogno di parole.

Nel frastuono del mondo esterno,
troviamo un'oasi di tranquillità,
dove l'amore si esprime senza parole,
in ogni sguardo, ogni sorriso, ogni carezza.

Purtroppo siamo spesso portati
a giudicare gli altri.
Ma ricordati che le cose
non le vedi per come sono,
ma per come sei.

51

Il mio rifugio.

Tu, come il mare,
un'infinita danza di emozioni.
Onde che accarezzano la sabbia,
tempeste che risvegliano l'anima.

Tu, calmo come una laguna,
maestoso come un'onda d'uragano.
Il tuo abbraccio avvolge ogni riva,
donando pace e mistero.

Nelle tue braccia trovo consolazione,
il conforto che tanto desidero,
sei il luogo in cui posso essere me stessa,
il mio rifugio.

Ho vissuto una vita piena,
ho percorso tutte le strade,
e la cosa più importante
è che l'ho fatto a modo mio.

Buco nero.

Tu sei un buco nero, oscuro e senza fine,
Le anime trascini nell'abisso più profondo.
Ma io mi sono sollevata, da te mi sono allontanata,
Non sarai più un carceriere, la mia libertà ho trovato.

La tua natura oscura, rifiuti di ammetterla,
Semini inganno, causi dolore senza fine.
Ma ho scoperto la verità, non mi lascerò inghiottire,
Mi sono liberata, la mia essenza non potrai tradire.

Per quanto tu possa provarci,
non puoi scappare via da te stesso.

Pezzi di me.

Le persone sbagliate hanno un ruolo da giocare,
sono pietre d'incanto sulla strada da percorrere.
Mi fanno sentire il tormento dell'assenza,
ma mi insegnano la forza della resilienza.

Così, mentre il dolore si fonde nel vento,
scopro che non sono sola nel mio tormento.
I pezzi di me che ho lasciato dietro,
sono un richiamo al cambiamento vero.

Quindi sorrido alle persone sbagliate,
perché mi hanno mostrato la mia verità nascosta.
E mentre il dolore sfuma lentamente,
risorgo più forte, più viva nel presente.

L'unica cosa che puoi cambiare negli altri
è il tuo atteggiamento verso di loro.

Ho deciso.

Non voglio più aspettare,
voglio afferrare il momento,
voglio danzare con il tempo,
e vivere senza timore.

Non voglio più aspettare,
le opportunità passano in fretta,
e voglio afferrarle tutte,
prima che siano svanite.

Non voglio più aspettare,
la vita è un'opera in movimento,
e io voglio essere l'artista,
che la dipinge senza rimpianto.

Non voglio più aspettare,
perché la vita è qui e ora,
e nel mio cuore risuona,
l'urgenza di vivere senza paura.

La cosa più difficile
è imparare
ad essere soli
di nuovo.

Io ci sarò.

Sono qui per te, per ascoltarti,
quando il peso del dolore sembra schiacciante.
Sì, capisco la stanchezza che provi,
quando il cuore è esausto e il sorriso svanisce.

Le parole potrebbero sembrare vuote,
ma voglio che tu sappia che non sei sola.
Sii gentile con te stessa, concediti il tempo,
per guarire, per respirare, per lasciare andare.

Esplora strade nuove, piccoli passi alla volta,
alla ricerca di passioni e fonti di gioia.
Trova momenti di gratitudine nel quotidiano,
scopri l'essenza della vita che ancora ti aspetta.

Sii gentile con te stessa, ripeti queste parole,
che tutto passa.
E ricorda, anche nella notte più oscura,
l'alba sorgerà, portando una nuova speranza.

*Permettiti di sentire
tutte le tue emozioni
senza etichettarle
in alcun modo.*

Navigare.

Nel vasto oceano dei dubbi navigo,
tra onde incerte che danzano nel tempo.
Ma con fiducia mi sollevo, come una vela candida,
alla scoperta del mio vero io, senza timore.
Trovo il mio valore nelle profondità dell'anima,
dove risiede una luce eterna e raffinata.
Sono un faro scintillante, guida del mio destino,
navigo nell'oceano della vita con un sorriso divino.

*È solo quando lasci andare
tutte le cose che tieni strette
e che non ti appartengono,
che puoi ritrovare la tua strada.*

Risorgere.

In un caleidoscopio di cambiamenti si risveglia,
un'essenza ardente che dalle ceneri si solleva.
Nessuna paura, nessuna frenesia di domare,
il fuoco che dentro di lei brucia, libero di danzare.

Le vecchie catene si spezzano, senza rimpianti,
una metamorfosi audace, senza confini o limiti.
Le ferite passate si trasformano in nuova forza,
mentre abbraccia la vita con slancio e coraggio.

Nessuna sfida può spegnere la sua fiamma interiore,
poiché ora dentro lei risiede un fuoco eterno e superiore.
Così, nella trasformazione, si libera dalle catene,
accogliendo l'autenticità della sua nuova forma.

*Hai mai detto "addio" a qualcuno
e dentro di te hai sperato che lottasse
per non lasciarti andare?*

Imparare ad amarmi.

Ci sono giorni in cui imparare ad amarmi
sembra l'avventura più audace che abbia mai vissuto.
Un viaggio dentro di me, nel labirinto dell'autostima,
esplorando le profondità del mio essere più intimo.

È un sentimento selvaggio, come un torrente impetuoso,
che travolge ogni dubbio e timore,
scoprendo la bellezza nascosta, il valore prezioso,
che risiede dentro di me, un tesoro da esplorare.

Non è un cammino semplice, né lineare,
ma un'odissea di scoperta e comprensione.
Attraverso le sfide e i momenti di fragilità,
imparo ad amarmi, ad abbracciare la mia vera essenza.

Mi sono fatta una promessa,
che non andrò in guerra con me stessa
per nessun altro, mai più.
Stavolta scelgo me.

La metamorfosi.

Crescere implica trasformazione,
ogni fiore segue un proprio ritmo,
non tutti sbocciano nel medesimo istante,
ma ognuno a suo tempo sprigiona il suo fascino.

Alcuni possono sbocciare presto, con ardore,
mentre altri si prendono più tempo per fiorire.
Le loro vie divergenti non significano fallimento,
ma testimoniano l'unicità di ogni fiore che fiorisce.

Sbocciamo come fiori, ognuno a suo tempo,
riempiamo il mondo con colori e profumi distinti.
E mentre cambiamo forma, scopriamo la verità,
che la crescita è un processo meraviglioso,
senza fine e senza età.

Quando tutto andava a rotoli,
chi erano le persone che ti sono state accanto?

L'arma migliore.

Quante volte ancora permetterai
che le loro armi ti spingano a reagire?
La forza risiede dentro di te,
non lasciare che il loro gioco ti ferisca.

Sii come l'oceano calmo e profondo,
che rimane saldo nonostante le onde.
Rifiuta di cedere alla provocazione,
e scegli invece la tua vera intenzione.

Non permettere che le loro armi
siano un motivo per perdere la calma.
Nella tua serenità troverai la tua forza,
e la tua "non" risposta sarà la tua arma.

E ho lasciato alcuni pezzi di me
dentro le persone sbagliate

Come una farfalla.

Come farfalle che emergono dal bozzolo,
la vita si apre in un continuo fluire.
Non c'è ostacolo che possa fermarla,
trova sempre un modo per proseguire.

Le farfalle crescono le ali con grazia,
la vita si espande con coraggio e fiducia.
Insegnano che la trasformazione è parte di noi,
che l'evoluzione è una costante nella nostra esistenza.

Così come le farfalle danzano nell'aria,
la vita trova un modo per spiccare il volo.
Attraverso i cambiamenti e le sfide che affronta,
si apre a nuove possibilità, a un futuro luminoso.

Pensa che prima o poi ti farai una grossa risata,
perché ricorda,
quando poi non te ne frega più niente,
tutti tornano.

Verso la primavera.

Avanza con sicurezza verso un nuovo inizio,
come se tutto ciò che fosse venuto prima fosse solo un
sogno,
un lungo inverno che ora svanisce nel tempo.

Avanza, con passo sicuro e fiducioso,
verso l'orizzonte che si allarga di fronte a te.
Ciò che è stato è solo un capitolo del tuo racconto,
ora è il momento di scrivere il futuro che sogni.

Così, abbraccia il nuovo inizio con fervore,
come se ogni giorno fosse una promessa di rinascita.
Lascia che il passato sia solo una dolce melodia,
mentre danzi verso l'incanto di un'infinita primavera.

*Amati così tanto
da non permettere più a nessuno
di farti sentire sbagliata.*

Il fiore selvatico.

Loro dimenticano che io sono un fiore selvatico,
piantato in tutti i posti
dove pensavano
che non sarei mai cresciuta.

*L'amore per sé stessi non è una convalida esterna,
ma tutto ciò che sboccia silenziosamente dentro di te.*

La decisione.

Vivi in attesa di un cuore che batta per te,
in balia delle promesse d'amore altrui.

Continuerai a farti scegliere,
a essere la rosa tra le mille nel giardino,
o finalmente aprirai il tuo cuore
per decidere chi merita il tuo amore?

Sto ancora cercando con impegno
di trovare il mio valore,
in un campo pieno di rose
sto imparando come gestire le spine.

Sopravvissuta.

Il dolore ti ha resa una sopravvissuta,
ma è la forza che ti spinge a proseguire.
Nelle profondità della tua anima,
trovi la risolutezza di non arrenderti mai.

E così, continui a marciare verso il futuro,
guidata dalla fiamma ardente dentro di te.
Il dolore ti ha resa una sopravvissuta,
ma è la tua forza che ti renderà vittoriosa per sempre.

Sta avvenendo una nuova trasformazione
e lei non ha alcuna intenzione
di domare il fuoco
che sta scaturendo dalle ceneri.

I gesti non mentono.

Le parole, affascinanti e suadenti,
si perdono talvolta nel loro fluire,
mentre i gesti, semplici e concreti,
conquistano il mondo senza mentire.

Le parole possono ingannare e mentire,
essere trabocchetti di dolcezza o durezza,
ma i gesti, senza voce, non sanno tradire,
e con la loro verità spesso sorprendono la natura umana.

Quante volte ancora permetterai alle loro armi
di essere la ragione della tua reazione?

Se tornerai.

Nessun risentimento, ma la memoria resta,
il male subito ha lasciato una traccia.
Non dimentico le ferite e le lacrime,
quelle esperienze che hanno segnato la mia anima.

Quando tornerai e mi vedrai assente,
forse capirai ciò che hai perso.
Il rimpianto potrebbe farsi strada,
mentre ti renderai conto del costo delle tue azioni.

Desiderarti come il mare a Parigi,
un'utopia incantata.

Le tue parole non feriscono più.

Le tue parole fanno male, è vero,
ma io non sono più la tua vittima.
Ma ora, nell'ombra del dolore,
mi risveglio come un fiore che sboccia nel cuore.

Non sarai più l'artefice del mio destino,
le tue parole non mi incateneranno mai più.
Io mi sollevo sopra il male che hai seminato,
e mi trasformo in Amore.

L'Amore che tu non troverai mai più.

Come le farfalle che sviluppano le loro ali,
così la vita trova sempre un modo per andare avanti.

Nessun rimpianto.

Non permettere al rimpianto di ostacolare il tuo passo,
la vita è un flusso in costante evoluzione.
Con coraggio e determinazione, supera l'empasse,
ed esplora le opportunità che attendono la tua visione.

Tra tutte le delusioni d'amore che ho provato,
quella che mi ha ferito di più
è stata non amare me stessa.

Sii autentica.

Non cedere al giudizio o alle aspettative altrui,
libera la tua mente dagli schemi limitanti.
Perché sei degna di amore, di gioia e di felicità,
Sii fedele a te stessa, alla tua autenticità.

Se scegli di non decidere,
hai già fatto una scelta.

La scelta.

La scelta è solo tua, non ascoltare le voci altrui,
vivi secondo i tuoi valori, seguendo il tuo cuore.
Non accontentarti di una vita che non ti rispecchia,
libera te stessa dagli inganni e dalla paura.

Ascolta quella tua voce che ti guida verso la felicità,
non temere di deludere chi non comprende.
Segui la tua strada, anche se complicata e impervia,
perché solo tu conosci la tua vera essenza e il tuo destino.

Dire addio fa male, lo farà sempre,
ma prima che il dolore si radicasse,
qui l'amore ha germogliato per primo.

Le cose belle.

Le cose belle della vita
non sono oggetti materiali,
ma esperienze,
emozioni e connessioni
che ci arricchiscono
e ci rendono pieni.

Le cose più preziose della vita
non possono essere possedute
o acquistate,
ma sono intangibili
e si risiedono nel cuore.

A volte bisogna dimenticare
ciò che si prova
e ricordare
ciò che si merita.

La differenza.

La differenza la fa chi,
dopo averti trovato,
continua a cercarti,
a volerti accanto.

Quando desideri davvero una cosa
tutto l'universo si adopera
affinchè tu possa realizzarla.

Tutto è necessario.

Nessuno entra invano nella tua vita:
o è una prova,
un'opportunità di crescita,
per imparare a guarire,
oppure è un dono,
un'occasione per amare e gioire.

Mentre le parole fanno a gara,
i gesti tagliano il traguardo.

Ascoltare davvero.

Mi piaceva ascoltarti.
Non parlo delle parole.
Mi piaceva ascoltare i tuoi sguardi,
i tuoi gesti,
i tuoi sorrisi,
la tua anima,
il tuo cuore.

E ora,
quando si allomntanano,
non li rincorri più,
perchè hai compreso
il tuo vero valore.

La rinascita.

Dall'ombra dell'amore perduto,
nasce una luce radiosa,
una rinascita che si dischiude,
dopo la tempesta che ho attraversato.

Le lacrime versate hanno lavato l'anima,
liberando il peso del passato,
e nel vuoto lasciato dall'amore ferito,
ho trovato la forza per ricominciare.

Ogni frammento del mio cuore spezzato,
si unisce in un mosaico di speranza,
ed è dalla rovina dell'antico amore,
che si innalza la mia nuova esistenza.

Mi concedo la libertà di lasciar andare,
le catene che mi tenevano prigioniera,
cammino verso l'orizzonte,
con passo deciso e cuore aperto,
sapendo che nel fluire della vita,
la rinascita è un dono che mi è stato offerto.

Tutto passa quando lasci andare,
tutto arriva quando è il momento,
tutto guarisce quando lo accetti.

9 781803 623931